TRAITÉ

DES

COPIES DE PIÈCES;

OU

DU DÉCRET DU 29 AOUT 1813

DANS SES RAPPORTS AVEC LES LOIS ET DÉCRETS SUR LA
DISCIPLINE DES OFFICIERS MINISTÉRIELS, ET LES LOIS SUR
LE TIMBRE, AINSI QU'AVEC L'ANCIENNE LÉGISLATION
SUR CES MATIÈRES;

Par Nicias Gaillard,

Premier Avocat général près la Cour de Poitiers.

POITIERS,

SAURIN FRERES,

IMPRIMEURS.

PARIS,

VIDECOQ, LIBRAIRE,

PLACE DU PANTHÉON, 6.

1839.

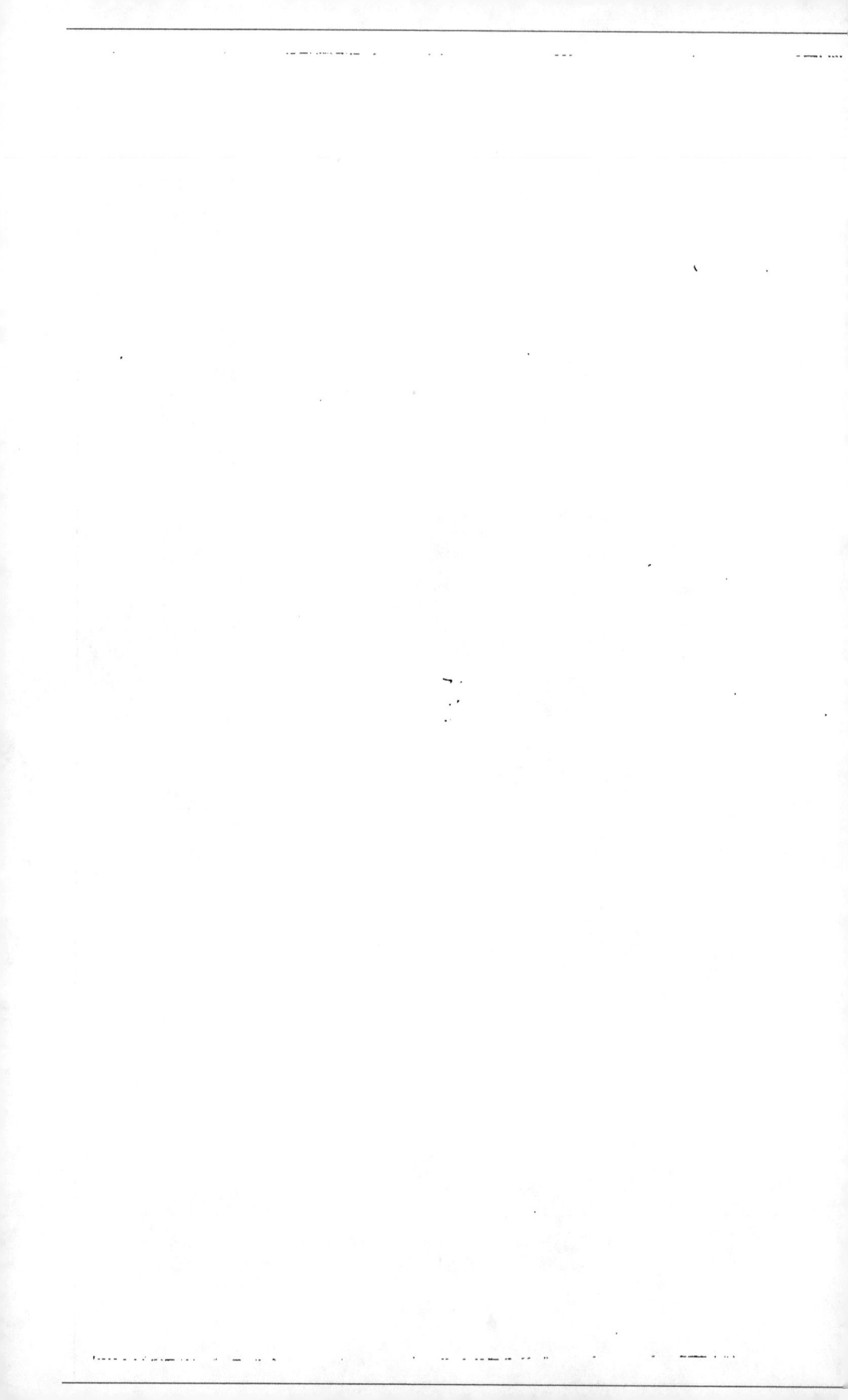

TRAITÉ DES COPIES DE PIÈCES.

POITIERS. — IMP. DE F.-A. SAURIN.

TRAITÉ

DES

COPIES DE PIÈCES;

ou

DU DÉCRET DU 29 AOUT 1813

DANS SES RAPPORTS AVEC LES LOIS ET DÉCRETS SUR LA
DISCIPLINE DES OFFICIERS MINISTÉRIELS, ET LES LOIS SUR
LE TIMBRE, AINSI QU'AVEC L'ANCIENNE LÉGISLATION
SUR CES MATIÈRES;

Par Nicias Gaillard,

Premier Avocat général près la Cour de Poitiers.

POITIERS,	PARIS,
SAURIN FRÈRES,	VIDECOQ, LIBRAIRE,
IMPRIMEURS.	PLACE DU PANTHÉON, 6.

1839.

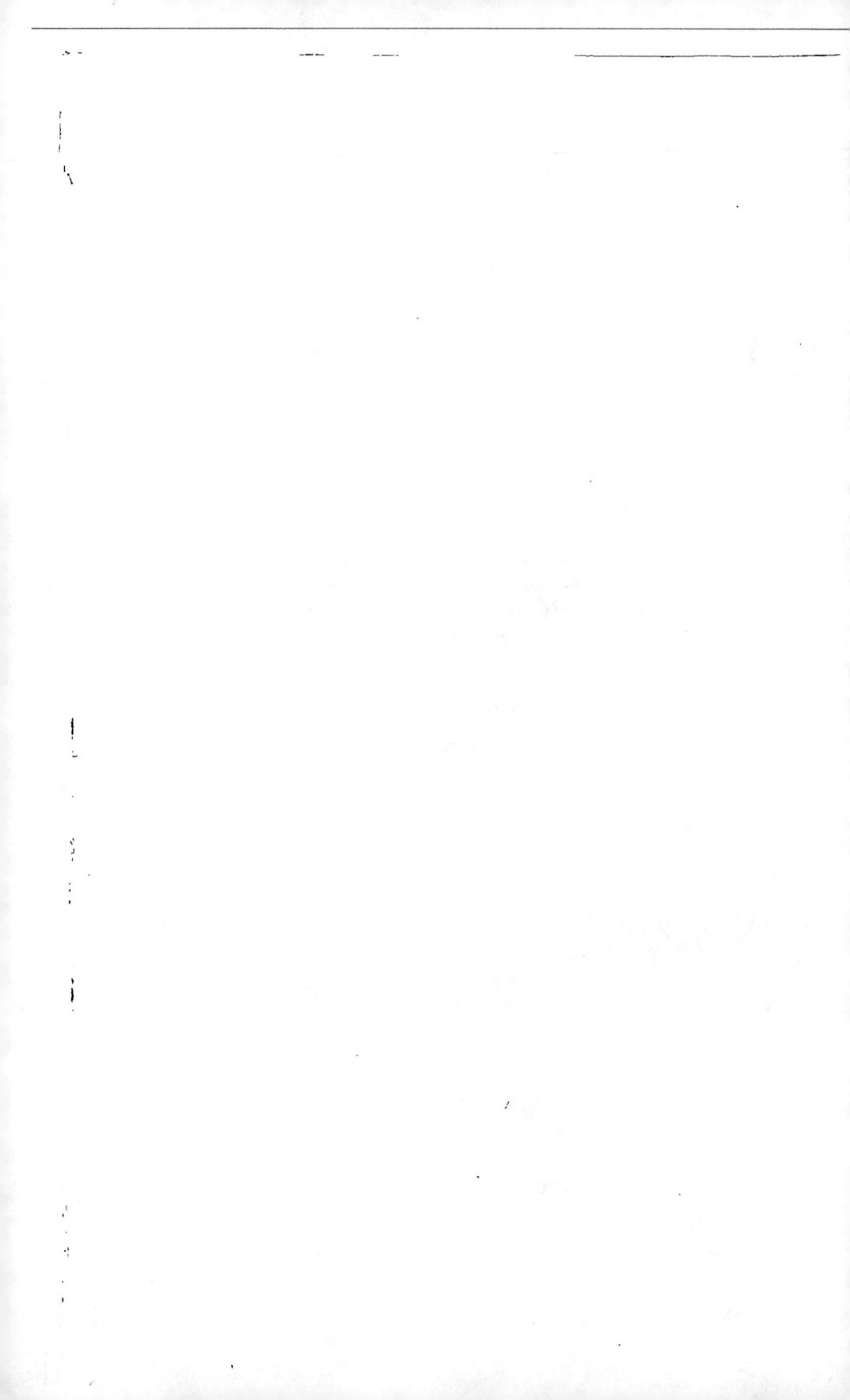

Quand j'ai commencé à réunir quelques idées sur ce sujet, je ne songeais point à écrire et moins encore à publier un traité ; je voulais seulement m'éclairer sur quelques difficultés que j'avais rencontrées dans la pratique, et qui étaient de nature à se reproduire fort souvent : la matière est, en effet, de celles qui réclament la surveillance journalière du ministère public.

Je ne sais point comment le décret du 29 août 1813 s'exécute dans les autres ressorts ; mais, à voir ce qui se passe sur plusieurs points de celui-ci, on pourrait se demander si ce décret existe bien encore. Il est tel tribunal où la règle paraît être que les copies signifiées aient de 50 à 60 lignes à la page. On entasse les mots sur les mots; on serre, à les étouffer, les lettres et les syllabes; telle est quelquefois la ténuité des caractères, qu'on dirait une sorte d'écriture microscopique illisible à l'œil nu. C'est à qui fera le mieux en ce genre; la perfection serait de faire tenir tout un cahier dans une page, toute une page dans une ligne, et toute cette ligne dans l'espace d'un mot.

Je ne prétends point que ce soit là le plus grand malheur qui puisse arriver dans l'administration de la justice; je dis pourtant que c'est un mal. Quand la loi a ordonné de signifier dans les procès copie de certaines pièces, je ne crois point qu'elle ait entendu que ces copies seraient écrites de manière à ce qu'on ne pût les lire. Je sais qu'il est aujourd'hui une façon habile d'écrire pour n'être pas lu, de signer, par exemple, précisément comme il convient pour qu'on ne puisse pas deviner qui a signé; mais je ne vois point qu'il soit utile d'appliquer à la procédure cet art *de l'écriture rendue indéchiffrable*, et je maintiens que pour une copie, judiciaire du moins, le mieux est encore d'être lisible.

Tout le monde est de cet avis au palais. Les avoués de la Cour, qui ne peuvent que savoir gré à leurs confrères de première in-stance des dossiers que ceux-ci leur envoient, voudraient bien pourtant pouvoir les lire sans courir risque de se perdre les yeux. Il faut en-tendre, à l'audience, l'avocat de l'appelant donnant lecture du jugement dont est appel ! Les premiers mots vont couramment : l'avocat a étudié la copie dans son cabinet; *ce qu'il sait le mieux, c'est son commencement.* Mais à peine a-t-il passé le premier *attendu*, que déjà il hé-site, tâtonne, force lui est d'épeler; le voilà même qui s'arrête ! il reprend, mais pour se traîner d'un mot à l'autre, bronchant à chaque pas. L'autre avocat le suit, le soutient, et, s'il tombe, le relève. Mais ce n'est pas assez; il faut qu'il se décide à lui faire passer la grosse du jugement, heureux secours qui arrive au moment où le lecteur, perdant patience, al-lait maudire la copie.... et le copiste.

Qu'on juge de la fatigue de celui qui lit et de la fatigue de ceux qui écoutent ! qu'on juge aussi de la belle apparence qu'a la décision la mieux rédigée, quand elle est lue ainsi ! Vraiment les magistrats de première instance auraient trop à souffrir, s'il leur fallait assister à nos audiences, comme autrefois à celles du parlement, et qu'ils se vissent défigurer et estropier à ce point.

Ce n'est pas seulement à l'audience qu'on souffre de cet abus. Le président, qui s'est fait remettre les pièces pour rédiger son arrêt, est obligé de changer à chaque instant de dossier, cherchant tantôt dans l'un, tantôt dans l'autre, la grosse des jugements, des procès-verbaux, des divers actes qu'il a besoin de consulter; les copies lui font peur. Qu'est-ce donc pour nous, magistrats du ministère public, à qui l'on ne remet presque jamais qu'un seul dossier avant les plaidoiries ? Dans ce dossier nous trouvons bien les expéditions que s'est fait délivrer la partie dont nous avons les pièces, ainsi que les originaux de ses conclusions et requêtes; mais quant aux titres, quant aux moyens de la partie adverse, nous ne pouvons les connaître que par les copies qu'elle en a fait signifier. Il faut donc bien les affronter ces redoutables minutes, à moins que nous ne veuillions prendre communication seulement de la moitié de la cause.

Soyons justes pourtant. Nous ne sommes pas les plus à plaindre, mais bien ces avocats auxquels chaque jour apporte un nouveau dossier, et qui, pour préparer la plaidoirie du lendemain, souvent n'ont que la nuit. Il aura beaucoup à souffrir celui à qui il va falloir, à la lueur de sa lampe, déchiffrer, dans la copie qui en a été signifiée à son client, ce long constat de lieux, cette volumineuse enquête ! Pourtant il doit ne rien omettre ; qui sait si, en négligeant une ligne, un mot, il ne laisserait pas échapper le meilleur moyen de sa cause? *Il y a*, comme on disait à notre ancien barreau, *des indulgences pour ceux qui lisent tout.*

Quant à moi, lorsque je vois des avocats, si jeunes d'ailleurs et si clairvoyants d'esprit, déjà réduits à employer les secours que l'art ne destine qu'aux yeux fatigués de vieillesse, j'ai envie d'en rendre responsables ceux qui font ces odieux griffonnages et ceux qui les font faire. Qui sait si ce n'est point à pareil abus que ce jurisconsulte poitevin , l'auteur du meilleur commentaire sur l'ordonnance de Moulins , notre *Boiceau*, dut de mourir aveugle ? Je gage qu'*Appius Claudius* accusait de sa cécité les procureurs et les sergents de Rome. Il servait bien au pauvre aveugle d'entendre répéter *qu'il n'était point vrai qu'il eût perdu la vue , puisque c'était encore par ses yeux que tous ses concitoyens voulaient voir* (1) !

Quand l'abus ne porterait dommage qu'à nous tous gens de justice , ce serait bien assez pour qu'on lui fît la guerre ; mais c'est dans l'intérêt de la justice elle-même qu'il faut s'en inquiéter. On ne lit point volontiers ce qu'on ne peut lire sans fatigue ; or , à ne parler même que des affaires d'audiences, les plaidoiries, qui ont tant d'influence sur le sort des procès, ne font pas tout pourtant. Dans les causes de longue haleine , chargées de questions de droit, ou de chiffres, ou de faits, qu'on ne juge point de suite après qu'elles ont été plaidées , il est souvent nécessaire de recourir aux

(1) *Hunc cæcum aliquis nominet à quo patria quod justum et rectum erat per se parùm cernens , coacta est providere.*

pièces pour vérifier des allégations contradic-
toires, étudier de plus près ce qu'on avait mal
saisi à l'audience, reprendre et suivre la procédure. Quel ne sera pas, dans tous ces cas, le
désavantage du plaideur dont il faudra aller
chercher les moyens dans de rebutants griffonnages (1)!

Frappé de ces dangers, on a, dans tous les
temps, essayé de les prévenir : nous verrons
tout à l'heure combien de déclarations, d'arrêts de règlement ont été rendus à ce sujet;
mais le mal contre lequel ces mesures étaient
prises se perpétuait par leur inexécution. De
nos jours non plus il n'a manqué, sur ce point,
ni de décrets, ni de circulaires de M. le ministre de la justice (2) pour rappeler ces dé-

---

(1) Des papiers griffonnés d'une telle façon,
    Qu'il faudrait, pour les lire, être pis qu'un démon !
           (MOLIÈRE, *Misanth.*)

(2) Il y a notamment une circulaire de M. le ministre de la
justice, en date du 18 mars 1824, dont voici la teneur :

« Des plaintes réitérées ont signalé l'inobservation du décret
du 29 août 1813. Son objet, vous ne l'ignorez pas, est d'obliger
les officiers ministériels à faire nettes, correctes et lisibles les
copies d'actes, de jugements et d'arrêts, sous peine d'encourir
les condamnations prononcées par les art. 1 et 2.

crets, ni d'instructions de MM. les procureurs
généraux pour rappeler ces circulaires; quelques amendes ont même été requises et prononcées là où l'abus était le plus criant; l'abus
n'en subsiste pas moins. Est-ce à dire qu'il
faille renoncer à l'attaquer? Je crois au contraire qu'avec une attention plus constante,
une discipline plus ferme, on arriverait sûre-
ment à le diminuer beaucoup, sinon à le détruire.

C'est dans cette pensée que j'ai examiné de
plus près que je ne l'avais fait jusqu'alors

» J'ai remarqué qu'entre toutes les copies, celles des jugements
laissaient apercevoir plus fréquemment encore l'inexactitude des
officiers ministériels à se conformer à ces dispositions, de même
que leur habitude de frustrer le fisc, en insérant par page un
nombre de lignes plus considérable que celui autorisé par le décret,
au point de rendre, par la finesse de l'écriture et l'entassement
des mots les uns sur les autres, ces copies absolument illisibles.

» La nécessité de détruire cet abus général se fait assez sentir
d'elle-même pour me borner à vous l'indiquer, en vous rappelant
toutefois que le ministère public trouvera d'ailleurs dans la stricte
application des articles précités et de l'article de son règlement
du 30 mars 1808 le moyen le plus efficace de l'atteindre.

» En conséquence, je vous invite de faire part de cette instruction à chacun de vos substituts, en lui recommandant de s'entendre pour leur exécution avec MM. les juges taxateurs.

» Vous m'informerez exactement des résultats que vous aurez
obtenus. »

le décret du 29 août 1813. Il est fort court,
ce décret ; ce petit nombre d'articles a pourtant fait naître un assez grand nombre de
difficultés. J'ai trouvé bientôt que la matière,
sans être pour cela fort étendue, n'était cependant ni si simple ni si étroite que je l'avais
d'abord supposé. J'y ai reconnu des rapports
que je n'avais point soupçonnés avec d'autres
parties de la législation : il n'est rien d'isolé,
d'absolument indépendant dans le monde des
idées.

Les réflexions qui se sont présentées à mon
esprit, dans le cours de cet examen, je les ai
écrites; depuis j'ai pensé qu'il pourrait n'être
pas sans utilité de les publier, ne fût-ce que
pour appeler l'attention sur ce sujet.

Peut-être la matière paraîtra-t-elle peu digne
de l'attention d'un magistrat; les Cours sou-
veraines et nos rois eux-mêmes l'ont pourtant
jugée plus d'une fois digne de la leur. Toute
chose a son importance. Je viens de montrer
qu'il n'est point indifférent que les copies signifiées soient écrites de manière à pouvoir
être lues, ou qu'elles *semblent, comme certains*

*édits d'un empereur romain, avoir été grif-
fonnées tout exprès pour que ceux auxquels elles
sont adressées ne puissent les déchiffrer* (1).
Peut-être ces copies *indéchiffrables* sont-elles
coupables de la perte de plus d'un bon procès.

Du reste, qu'on ne craigne point, à voir l'ar-
deur avec laquelle je m'élève contre cet abus,
de me trouver enclin à aggraver ou à étendre
par l'interprétation les dispositions destinées à
le réprimer. Si je mérite un reproche, c'est
plutôt le reproche contraire. Toute question
douteuse, je l'ai résolue dans le sens le moins
rigoureux. Il y a plus d'une lacune dans le décret du 29 août 1813 ; j'ai signalé ces lacunes,
mais je ne me suis point cru le droit de les
combler ; quand la loi m'a manqué, je me suis
arrêté, et je n'ai point prétendu faire mieux
qu'elle. C'est qu'en effet les principes sont les
mêmes, qu'il s'agisse d'un crime ou d'une faute
disciplinaire, d'une peine énorme ou d'une
amende de cinq francs ; les dispositions pénales
ne se suppléent point.

(1) Théorie de la Procéd. civ. t. 2, p. 154.

TRAITÉ

COPIES DE PIÈCES.

L'usage de signifier, avec l'exploit d'ajournement, copie des pièces sur lesquelles le demandeur fonde sa demande, n'est point aussi ancien qu'on pourrait le supposer. Ce moyen si simple, et qui nous semble si sûr, de faire connaître à la partie qu'on appelle en justice les principales preuves dont on entend se prévaloir contre elle, et, par là, de la mettre à même, dès le commencement du procès, de décider s'il est de son intérêt de résister ou de se soumettre, a pourtant été négligé pendant longtemps comme inutile, repoussé même comme suspect; et quand enfin il a été admis, ce n'a été que malgré l'opposition des magistrats les plus éminents de ce temps-là. Tant les améliorations, même les plus simples, ont souvent de peine à s'introduire! tant il y a, même dans les esprits les plus éclairés, de prévention en faveur de ce qui *est*, que ce soit ou non ce qui *devrait* ÊTRE !

Du temps de Masuer, les jugements et autres actes judiciaires étaient les seuls titres dont la partie à laquelle ils étaient opposés eût le droit d'exiger copie ; ces copies, qui ne lui étaient délivrées que sur sa demande, restaient même à ses frais. « Quant aux autres lettres et instru-
» ments, autre chose en *était*. Encore qu'ils
» *fussent* produits en jugement, la partie qui
» les *produisait n'était* tenue d'en bailler
» copie (1). »

Pourquoi cette différence entre les divers titres dont on pouvait se prévaloir ? Masuer en donne une raison singulière : « Quant aux
» actes de justice, dit-il, elles sont communes,
» et, à cette occasion, en faut délivrer copie à
» ceux qui la requièrent. » Mais les autres actes aussi sont communs entre les parties ; et pour certains d'entre eux, je veux dire les actes privés, il y a cette raison de plus, que les originaux n'en existent point dans des dépôts publics !

D'après la *Pratique* d'Imbert, le seul droit qu'eût encore la partie assignée, c'était de re-

_____

(1) Pratique de Masuer, tit. 18, nos 20 et 49, traduction de Fontanou.

quérir que le demandeur « exhibât et mît avant, » c'est-à-dire communiquât les pièces ou titres dont il avait fait mention dans son ajournement et sur lesquels il fondait sa demande. « Jusque-là le défendeur *pouvait* dire n'être » tenu de procéder. » Quand les pièces lui avaient été communiquées, il lui était permis d'en prendre des extraits et de « réduire par écrit la substance d'icelles (1). »

C'était donc par la représentation des originaux des titres dont on entendait se servir contre lui, que le défendeur était mis à même de céder en connaissance de cause, ou, s'il voulait résister, de préparer sa défense. Mais cette communication ne se faisait pas toujours de la même manière, ni à la même époque de la procédure. Il était des titres qu'on était tenu de représenter « d'entrée du procès ; » il en était d'autres qu'il suffisait de communiquer au cours de l'instance, lors *de la production.* L'on mettait dans cette dernière classe tous les titres dont le demandeur n'avait parlé dans son ajournement « que par forme de simple » assertion, sans principal fondement, » ainsi que ceux « dont le défendeur avait une con- naissance certaine. » C'était la distinction

(1) Imbert, avec les notes de Guénois, liv. 1, chap. 18, no 9.

2

de Barthole. Le parlement de Paris l'avait suivie dans un arrêt de 1323, que Papon a rapporté (1).

L'ordonnance de 1563 fut la première qui ordonna la signification des titres respectivement invoqués. « Les parties, est-il écrit dans » l'art. 5 de cette ordonnance, sont tenues, » dès le commencement de l'introduction de la » cause, bailler copie, si elle est requise, du » contract, instrument ou pièces sur lesquelles » les demandes et défenses sont spécialement » fondées. » Comme on le voit, la signification n'était prescrite par l'ordonnance qu'autant qu'elle serait requise par la partie intéressée ; mais on pouvait la requérir dès le commencement du procès. Du reste, l'obligation de donner copie des pièces ne regardait pas seulement le demandeur, elle était commune aux deux parties ; ce que quelques praticiens (2) trouvaient contraire, en ce qui regarde le défendeur, à la règle : *Actore non probante, qui convenitur etsi nihil præstet obtinebit* (3) ; mais ce qui était conforme à cette autre règle : *Reus in exceptione fit actor*, et surtout à l'équité,

(1) Arrêts de Papon, liv. 9, tit. 7, no 1er.
(2) Guénois sur Imbert, *loco citato.*
(3) Cod. *de edendo*, liv. 4.

la première de toutes les règles. « Le défen-
» deur, disait à ce sujet Charondas le Caron
» dans ses notes sur le Code Henri (liv. 5,
» tit. 4, n° 5), s'il fonde ses défenses sur quel-
» ques titres et pièces, sera tenu de les exhiber
» et d'en bailler copie ; *non que ce soit pour in-*
» *struire le demandeur de ses répliques, comme*
» *aucuns mauvais praticiens l'ont estimé*, ains
» pour le démouvoir de plaider. » C'était,
comme il arrive, expliquer assez mal une fort
bonne disposition. J'aurais été, je l'avoue, de
ces *mauvais praticiens* qui pensaient que, si le
défendeur était tenu, à son tour, de donner
copie des pièces dont il faisait usage, c'était
pour *instruire* le demandeur, non pas sans
doute de *ses répliques* (les répliques elles-mêmes
l'en instruisaient), mais de ce qu'elles pou-
vaient valoir; et je cherche même de quelle
autre manière cette signification pourrait,
quand le défendeur a raison, *démouvoir le
demandeur de plaider.*

L'obligation imposée par l'ordonnance était
générale; on ne distinguait plus, comme du
temps de Masuer, entre les titres judiciaires et
les autres titres. On ne distinguait pas non plus
entre les pièces à signifier, quelle que fût leur
étendue. Cependant il y en avait de bien lon-

gues, les terriers, par exemple, les aveux et dénombrements! Faudrait-il donc les copier en entier? La déclaration du 9 août 1564, rendue sur les remontrances des parlements, en interprétation de l'ordonnance de 1563, expliqua que, dans ces cas et *autres semblables*, il suffirait *d'exhiber et communiquer les pièces*, sans en donner copie, pourvu que cette communication se fît dès *la première assignation*. Il était défendu aux juges de passer outre avant qu'elle eût été faite (1).

Tel était l'état des choses lorsque l'ordonnance de 1667, qui n'était encore qu'un projet, fut débattue dans les conférences tenues par ordre du roi Louis XIV entre des commissaires de son conseil et les principaux magistrats du parlement de Paris. L'article 6 du titre 2 portait : « Si la demande est fondée sur » des pièces et des titres, le demandeur sera » tenu d'en donner copie dans la même feuille, » ou cahier de l'exploit, ou au moins des » extraits, si les pièces sont trop longues » pour être transcrites entièrement : sinon les » copies qu'il en fournira dans le cours de » l'instance, seront données et y sera ré-

_____

(1) Jousse, sur l'art. 6, tit 2 de l'ord. de 1667.

» pondu à ses dépens, sans aucune répéti-
» tion. » Cet article ne subordonnait plus
l'obligation de donner copie des pièces sur lesquelles la demande était fondée, à la réquisition qu'en ferait l'autre partie; il exigeait que
copie fût toujours donnée, soit en entier, soit
par extraits, et qu'elle le fût toujours en même
temps que l'exploit d'ajournement. Ces inno-
vations furent combattues avec force.

« Il y avait là, disait le premier président
» de Lamoignon, ou trop ou trop peu. Trop,
» en ce que les copies des pièces se donnant
» tout entières, comme, en beaucoup de ren-
» contres, il y aurait nécessité de le faire, les
» volumes de copies qu'il faudrait quelquefois
» donner, causeraient de trop grandes dé-
» penses; trop peu, en ce que ne donnant des
» copies que par extrait, ce serait faire une
» partie juge en sa propre cause, en lui lais-
» sant le choix des pièces dont elle voulait
» donner la communication : contre cette
» maxime, *que les pièces doivent être communes*
» *dans un procès.* Le demandeur prenant avan-
» tage d'une clause, le défendeur en trouve-
» rait une autre dans le même acte pour son
» absolution. »

« D'ailleurs, continuait-il, les copies colla-

» tionnées sont toujours suspectes d'altération
» ou de déguisement. Il s'est trouvé des par-
» ties assez artificieuses pour couvrir d'encre
» les mots qui faisaient contre elles. Enfin , *ce*
» *qui vient d'une main ennemie est toujours*
» *suspect*, et peut-être l'ancienne forme des
» communications aurait été plus sûre et à
» moindres frais. »

D'un autre côté , « *en plaidant le droit ac-*
» *croît*, et il faudrait souvent de nouvelles
» communications de pièces. » C'était la re-
marque du président de Maisons.

Le président de Blancmesnil ajoutait « que
» l'une des vues principales de la réformation
» était d'abréger ; et que , par un article de
» l'ordonnance de Roussillon (l'ordonnance
» de 1563) qui était très-bon , il était dit que
» l'on fournirait des copies *lorsque les parties*
» *le requerraient ;* mais qu'autrement l'on en
» donnerait beaucoup d'inutiles , et qu'il était
» extraordinaire d'obliger un homme à payer
» des écritures qui seraient contre lui. »

Il eût été fâcheux que ces objections eussent
prévalu. La plus forte était tirée du danger des
copies inexactes ou infidèles; il suffisait , pour
y répondre, de faire remarquer que la signification des copies n'ôterait pas le droit d'exiger

la représentation des originaux, et que de cette manière l'inexactitude serait bientôt reconnue, ou, s'il y avait lieu, l'infidélité punie. Ce fut ainsi que le conseiller d'état Pussort défendit le projet. L'article fut maintenu. Depuis, il a passé dans notre Code de procédure civile (1).

Mais le premier président de Lamoignon avait prévu un inconvénient qui ne s'est que trop réalisé. « Il faudrait, en tout cas, ajouter, disait- » il, que *les copies seront bien écrites et lisibles*, » pour tenir les procureurs en crainte, dont » il y a tous les jours des plaintes à leurs com- » munautés sur ce sujet, et qui viennent quel- » quefois jusqu'aux chambres. » Pussort répon- dit que c'était là un détail trop petit pour qu'il convînt de le régler par l'ordonnance, et « qu'il » semblait meilleur de laisser la chose à la dis- » cipline des procureurs. »

La chose fut donc ainsi laissée; mais il paraît que la *discipline* des procureurs était fort peu sévère à cet égard, car il fallut que les par- lements intervinssent à plusieurs reprises. Rodier cite (2) deux arrêts de règlement du parlement de Toulouse, en date des 15 novem- bre 1681 et 25 novembre 1688, par lesquels

(1) Art. 65.
(2) Sur l'art. 16, tit. 2 de l'ord. de 1667.

il fut enjoint « aux parties, comme aux pro-
» cureurs, de donner des copies lisibles, et
» défendu aux huissiers d'en donner qui ne le
» fussent pas, à peine de vingt livres d'amende
» contre les uns et contre les autres. » Le parlement de Grenoble se plaignait aussi de l'inexactitude ordinaire des copies, et demandait,
pour parer, s'il était possible, aux inconvé-
nients qui en résultaient, *que l'on pût exiger*
qu'elles fussent collationnées sur les originaux,
après la signification (1).

Le législateur ne dédaigna pas toujours de
régler lui-même ce point de discipline. On voit
par le préambule de la déclaration du 19 mars
1673 jusqu'où en était venu l'abus des écritures incorrectes et illisibles, et quels autres
abus celui-ci produisait. « Les écritures, y est-
» il dit, étant écrites par des copistes sans in-
» telligence, et qui écrivent mal, elles sont
» peu lisibles et remplies de fautes qui en
» ôtent le sens. Ce qui se fait même quelque-
» fois à dessein, en sorte que les procureurs
» qui les reçoivent sont obligés d'en demander
» d'autres copies plus lisibles et d'offrir de les

(1) Berriat-Saint-Prix, tome 1er, au tit. *de la communication*
des pièces.

» faire faire à leurs dépens; et le refus qui
» leur en est artificieusement fait, produit
» des incidents entre eux qui consomment le
» temps, augmentent les frais, et empêchent
» le jugement des procès à la surcharge des
» parties. »

Cette déclaration ordonnait qu'il serait envoyé aux greffes des différentes juridictions des modèles d'actes de procédure, mis en rapport avec les nouvelles ordonnances, notamment celle de 1667. Elle fut abrogée l'année suivante, mais la déclaration du 19 juin 1691 la remit en vigueur.

Celle-ci avait été faite dans un but fiscal : elle avait pour principal objet d'augmenter la consommation du papier et du parchemin timbrés, qui étaient, comme aujourd'hui, une branche importante des revenus de l'État; mais sur ce point l'intérêt du fisc et le bien public étaient d'accord; à moins qu'on ne dise que c'étaient les lois fiscales elle-mêmes qui avaient fait le mal, et que si *les procureurs, huissiers et autres officiers affectaient de mettre sur un rôle de papier ou parchemin autant d'écriture qu'en devaient contenir plusieurs*, et si *le public en souffrait par la confusion des écritures*, à ce point qu'il n'était *pas possible*

de les lire (1), il fallait s'en prendre à l'accrois-
sement successif des droits perçus sur le
papier et le parchemin timbrés, droits que la
déclaration du 18 avril 1690 venait encore
d'élever.

Quoi qu'il en soit, on rappela la disposition
de l'ordonnance de 1667 touchant l'obligation
de donner copie des pièces avec l'exploit d'a-
journement ; on exigea de nouveau que ces
copies, et toutes celles, de quelque qualité
qu'elles fussent, qui seraient signifiées tant de
procureur à procureur qu'aux parties, fussent
écrites en caractères lisibles, ajoutant qu'il
serait laissé une marge au papier au moins d'un
travers de doigt ; on détermina le nombre de
lignes à la page et le nombre de syllabes à la
ligne que le papier devrait contenir, suivant
sa dimension ; et ces dispositions furent sanc-
tionnées par une amende de 300 livres prononcée contre les contrevenants, amende « qui
» ne pourra, est-il dit dans l'article 15, être
» remise, ni modérée sous quelque prétexte
» que ce soit par les juges, à peine d'interdic-
» tion de leurs charges et d'être contraints au
» paiement desdites amendes en leur propre et
» privé nom. »

(1) Préambule de la déclaration.

En empruntant à l'ordonnance de 1667 la disposition portant qu'il serait donné copie , avec l'exploit d'ajournement , des pièces sur lesquelles la demande serait fondée , le Code de procédure civile n'avait point renouvelé les injonctions et les pénalités contenues dans les déclarations des 19 mars 1673 et 19 juin 1691. Le nouveau législateur trouvait sans doute , aussi lui , que ces détails convenaient peu à la dignité d'une loi ; ce serait l'affaire de ces règlements dont le Code, dans son dernier article, annonçait la prochaine publication.

Le décret du 16 février 1807, sur les frais et dépens en matière civile , renouvela, dans son article 28 , la recommandation de ne signifier , soit avec l'exploit d'ajournement, soit avec tous autres actes, que des copies de pièces qui seraient *correctes et lisibles , à peine de rejet de la taxe.*

Cette disposition était commune aux avoués et aux huissiers, et s'appliquait à toutes les copies de pièces , qu'elles eussent été faites par les uns ou les autres de ces officiers ministériels. Le décret du 14 juin 1813 , spécial pour les huissiers, ajouta au rejet de la taxe une amende de 25 francs , et, pour le cas où il y aurait récidive , menaça l'huissier contrevenant de peines bien autrement sévères : la suspension et même la destitution, s'il y avait lieu. Ce décret appliquait aussi aux copies de pièces l'amende prononcée par la loi du 13 brumaire an VII, pour le cas où le papier timbré *employé à des expéditions* contiendrait plus de lignes à la page que le nombre déterminé par cette loi, suivant la dimension du papier.

Mais en s'en référant à l'article 20 de la loi du 13 brumaire an VII, dans lequel il n'est question que du papier employé aux expéditions, le décret du 14 juin 1813 avait omis de parler du petit papier, dont on se sert pour les copies de pièces. Le décret du 29 août 1813 eut principalement pour objet de réparer cette omission.

C'est sur ce décret du 29 août 1813 que je me propose de donner quelques explications. Il m'a paru qu'il n'était pas sans intérêt d'en rappeler les dispositions, d'en déterminer la portée et d'en faciliter l'application.

Ce décret a deux dispositions principales, l'une relative aux copies incorrectes et illisibles, l'autre aux copies qui contiennent plus de lignes qu'elles n'en doivent contenir. Une copie peut être illisible, quoiqu'elle ne contienne que le nombre de lignes déterminé ;

d'un autre côté , une copie où l'on compte plus
de trente-cinq lignes par page de petit papier ,
par exemple , peut n'être pas illisible. Ce sont
deux contraventions distinctes , qui souvent se
rencontrent à la fois , mais dont l'une ne suppose pas toujours nécessairement l'autre. **Le
mode de les constater , de les poursuivre ; les**
fonctionnaires compétents pour en provoquer
la répression ; les peines à y appliquer, ne sont
pas les mêmes. Chacune a ses règles particu-
lières , et tient à un ordre d'idées différent.

Ce que j'ai à dire se divise donc naturellement en deux parties. J'y joindrai quelques observations communes aux deux contraventions.

§ Ier.

Des copies contenant trop de lignes à la page.

L'ordonnance de juin 1680 *portant règlement
général sur le fait des entrées, aides et autres
droits pour le ressort de la cour des aides de
Paris, et suivie... d'un tarif sur les droits de
marque et de contrôle levés sur le papier façonné
dans le royaume*, avait divisé le papier timbré
en grand papier, moyen papier, petit papier,
demi-feuille et quart de feuille. **Les nouvelles**

lois (1) ont conservé cette division , mais en ajoutant à ces divers formats le papier *grand registre*, et en changeant les dimensions des autres formats.

La déclaration du 19 juin 1691 , bientôt modifiée par celle du 24 juillet de la même année , avait déterminé le nombre de lignes à la page que ne pourraient excéder, suivant la dimension du papier employé, *les copies si-gnifiées de toutes écritures de procureurs et avocats.* C'était trente lignes à la page pour le petit papier , qui avait neuf pouces de haut sur treize pouces et demi de large ; quarante-quatre lignes à la page pour le papier moyen , de douze pouces de haut sur seize de large, etc. Les dimensions des divers formats n'étant plus les mêmes , le nombre de lignes déterminé pour chacun d'eux a dû aussi changer.

« Les papiers employés à ces copies (les » copies d'actes, de jugements ou d'arrêts et » de toutes autres pièces , faites par les huis-» siers) ne pourront contenir plus de trente-» cinq lignes par page de petit papier ; plus de » quarante lignes par page de moyen papier ;

---

(1) La législation nouvelle a varié à cet égard. V. les lois des 18 février **1791**, 15 messidor an III, 11 nivôse an IV, 5 floréal an V , etc.

» et plus de cinquante lignes par page de
» grand papier , à peine de l'amende de vingt-
» cinq francs prononcée, pour les expéditions,
» par l'article 26 de la loi du 13 brumaire
» an VII. »

Telle est l'une des dispositions du décret du
29 août 1813.

Cette disposition est purement fiscale ; la
contravention qu'elle punit est une contravention aux lois sur le timbre. De là plusieurs
conséquences.

Premièrement, la constatation et la poursuite de cette contravention appartiennent à
l'administration de l'enregistrement , qui agit
par voie de contrainte. (Loi 28 avril 1816 ,
art. 76.)

Secondement, l'amende prononcée par le
décret se trouve avoir été réduite , de vingt-
cinq francs à cinq francs , par l'article 10 de
la loi du 16 juin 1824 , lequel embrasse dans
sa disposition *toutes les amendes fixées au-dessous
de cinquante francs, prononcées par les lois sur
l'enregistrement et sur le timbre.*

Troisièmement, l'amende se prescrit par
deux ans, comme toutes *les amendes de contraventions aux lois sur le timbre ;* et la prescrip-
tion court du jour *où les préposés ont été mis à*

portée de constater les contraventions , au vu de chaque acte soumis à l'enregistrement. C'est la disposition de l'article 14 de la loi du 16 juin 1824. La Cour de cassation l'a appliquée à l'amende dont il s'agit , par arrêt du 11 novembre 1834 , rapporté dans les instructions générales de l'administration , § 14 , n° 1481. — Dans le cas où les préposés n'auraient pas été mis à même de constater la contravention , le droit de poursuite durerait trente ans , conformément à l'article 2262 du Code civil. C'est ce que décide le même arrêt.

Quatrièmement, on doit appliquer aux copies de pièces faites ou signifiées par les huissiers , en ce qui concerne le nombre de lignes fixé par le décret, la compensation d'une feuille à l'autre , autorisée , à l'égard des expéditions , par l'article 20 de la loi du 13 brumaire an VII (1). C'est ce qu'a décidé M. le ministre des finances de concert avec M. le garde des sceaux , le 14 novembre 1834 (2). La déclaration du 19 juin 1691 avait admis une compensation analogue pour les expéditions sur parchemin ; cette

(1) L'art. 7 du décret du 12 décembre 1790 avait la même disposition.

(2) Carré, Organisation et Compétence, t. 1er, p. 383, édit. in-4°. — Journal des Avoués, t. 50, p. 366.

compensation se faisait , non pas d'une feuille à l'autre , mais d'une ligne à l'autre , quant au nombre de syllabes que chaque ligne devait contenir (1).

Le tribunal civil d'Orléans a jugé , le 30 décembre 1833 (2) , *qu'il est dû autant d'amendes qu'il y a de pages de petit papier contenant plus de trente-cinq lignes.* Cette décision paraîtra rigoureuse , mais elle est juste. Le nombre de lignes est déterminé par chaque page ; il y a autant de contraventions qu'il y a de pages où ce nombre est excédé.

Le même tribunal a décidé , par le même jugement , *qu'il y a contravention lorsqu'un huissier signifie des copies de saisies immobilières par lui faites , contenant plus de lignes que ne le permet le décret , ce décret ne distinguant pas l'officier ou le fonctionnaire qui a rédigé les pièces dont les copies sont signifiées.* C'est aussi ce que porte une décision de l'administration , en date du 24 juin 1830 (3). « La disposition du » décret, y est-il dit, comprend non-seulement » les copies d'actes , de jugements et d'arrêts ,

(1) Art. 1er de la déclaration.

(2) Dictionnaire de l'enregistrement, par Edme Touillet, 1835 , v° *huissier* , n° 14.

(3) Journal des Avoués, vol. 39 , p. 275.

» mais encore celles de toutes autres pièces ;
» sans distinction de l'officier et du fonction-
» naire qui les a faites (1). Ainsi, un huissier a
» encouru l'amende de contravention au **tim-**
» **bre**, toutes les fois qu'il a signifié une copie
» quelconque contenant un plus grand nombre
» de lignes que celui qui est fixé d'après la di-
» mension du papier. »

Voici une question plus générale : le décret
s'applique-t-il aux copies que les huissiers si-
gnifient de leurs propres exploits, c'est-à-dire
au double que, pour chaque acte, ils délaissent
entre les mains de la partie contre laquelle ils
instrumentent ?

Cette question n'en eût point été une sous
l'empire de la déclaration du 19 juin 1691.
L'article 5 de cette déclaration portait : « Tou-
» tes les copies de pièces et écritures, *même*
» *des exploits*, de quelque qualité qu'elles
» soient, qui seront signifiées tant de procu-
» reur à procureur qu'aux parties, seront
» écrites en caractères lisibles, et sera laissée
» une marge au papier au moins d'un travers
» de doigt ; » et la sanction de cette disposition

(1) *Les*, c'est-à-dire ces *pièces*, et non pas ces *copies*. **V.** ci-dessous.

se trouvait, comme celle des autres prescrip-
tions contenues dans la déclaration, dans l'article 15 qui condamnait les contrevenants en
300 livres d'amende. Mais le décret du 29
août 1813 est loin d'être aussi explicite.

Le tribunal de Nogent-sur-Seine avait jugé
la question pour la négative : la régie se pourvut.
Elle disait que le décret se référait à l'art. 19 de
la loi du 13 brumaire an IX, relatif aux expéditions qui sont faites et délivrées par les notaires et autres officiers publics; qu'il fixait le
nombre des lignes pour les copies, comme
l'art. 20 de cette loi le fixe pour les expéditions ;
que le décret s'appliquait donc à la copie que
fait un huissier de l'acte dont il a rédigé l'original, comme la loi s'applique à l'expédition que
fait un notaire de l'acte dont il a rédigé et dont
il conserve la minute; que par le mot *actes* employé dans l'article 1er du décret, il fallait nécessairement entendre les exploits d'huissiers ;
que, bien différent de l'article 28 du décret du
16 février 1807, sur lequel le tribunal avait
motivé sa décision, l'article 1er du décret du
29 août 1813 comprenait, non-seulement les
copies de pièces à signifier avec l'exploit, mais
encore l'exploit lui-même, qui est *un acte*,

dont l'huissier doit toujours et nécessairement laisser copie.

Ce système soulevait plus d'une objection. Sans doute un exploit d'huissier est *un acte* dans le sens général du mot, et le double que l'huissier délaisse est une *copie* par rapport à l'original qui reste entre ses mains, une *copie d'acte*, par conséquent; mais le mot *acte* rapproché, comme il l'est dans l'article 1er du décret, des mots *jugements*, *arrêts*, et de ceux-ci *toutes autres pièces*, peut-il bien être entendu dans un sens aussi absolu? Ne semble-t-il pas plutôt que les *actes* dont il est question ici sont, comme les jugements et arrêts avec lesquels le décret les confond dans une disposition commune, distincts des exploits par lesquels on les signifie? Cela même ne devient-il pas plus clair quand on fait attention à l'expression générale par laquelle le décret clôt son énumération : copies d'actes, de jugements, d'arrêts et de *toutes autres pièces?* Il ne s'agit donc ici que de *copies de pièces* : actes, jugements, arrêts et *toutes autres.* Or, le sens de cette expression est déterminé. Dans les lois, décrets et règlements, partout enfin elle s'entend des *pièces* sur lesquelles la demande ou les défenses sont fondées, et dont *copie* est donnée avec les exploits, mais non pas des exploits eux-mêmes (1).

Sans chercher ailleurs, j'en trouve une preuve dans la disposition même dont nous nous occupons. Après avoir dit que les copies d'actes, de jugements, etc., faites par les huissiers, seront correctes et lisibles, à peine de rejet de la taxe, l'article ajoute : « Ainsi qu'il » a déjà été ordonné par l'article 28 du décret » du 16 février 1807, pour *les copies de pièces* » faites par les avoués. » Or, l'article 28 du » décret de 1807 est ainsi conçu : « Pour les » *copies de pièces* qui doivent être données *avec* » l'exploit d'ajournement et autres actes (il » sera alloué) par rôle contenant, etc...» Puis il ajoute : « Le droit de *copie de toute espèce* » *de pièces* et de jugements appartiendra à » l'avoué quand les *copies de pièces* seront » faites par lui; l'avoué sera tenu de signer » les *copies de pièces* et de jugements... Les » *copies* seront correctes et lisibles à peine de » rejet de la taxe. » Les *copies de pièces*, qu'est-

(1) *Copies de pièces.* On appelle ainsi les copies signifiées *en tête d'un exploit ou d'un acte d'avoué à avoué, soit dans une instance, soit par acte extrajudiciaire.* (Dictionnaire de procédure, par MM. Bioche et Goujet, vis *copies de pièces.*)

ce donc? Ce sont ces *copies* qui peuvent être
faites par les avoués concurremment avec les
huissiers; ces *copies* qui sont taxées à tant le
rôle, tandis que pour la copie, c'est-à-dire le
double ou délaissé, de chaque acte d'huissier,
il est alloué un droit fixe, aussi bien que
pour l'original; ces *copies* qui ne sont pas la
demande ou les *défenses*, mais sur lesquelles la
demande ou les défenses sont fondées; ces
copies enfin qui sont, dit le décret de 1807,
signifiées *avec* les exploits ou autres actes du
ministère des huissiers, et qui, par conséquent,
sont distinctes de ces exploits ou autres actes.
Voilà ce que c'est que les *copies de pièces* dans
l'article 28 du décret du 16 février 1807, et
aussi bien dans l'article 1er du décret du 29
août 1813; car celui-ci se réfère à celui-là, et
il fait exactement, pour les copies écrites par
les huissiers, ce que l'autre avait déjà fait pour
les copies écrites et signées par les avoués.

On prétend, au contraire, que l'article du
décret du 29 août est bien plus étendu, et l'on
souligne le mot *acte* qui se trouve dans cet
article : *Copies d'actes!* Mais l'argument de la
régie se retourne contre elle, car cette expression est précisément celle dont se sert le
même décret du 16 février 1807 dans un autre

article (l'article 72), où il n'est encore question que des *copies de pièces* signifiées *avec* les
exploits des huissiers, et qui, par conséquent,
ne sont pas ces exploits. Ce que l'article 28 , en
effet, avait semblé dire plus particulièrement
des pièces signifiées avec l'exploit d'ajournement, ce qui est le cas prévu par l'article 65
du Code de procédure civile, l'article 72 le dit
d'abord des copies de pièces données avec les
défenses, puis plus généralement de toutes
celles qui seront signifiées avec les exploits des
huissiers. Ecoutons cet article : « Les copies de
» pièces qui seront données avec les défenses,
» ou qui peuvent être signifiées dans les causes,
» seront taxées à raison du rôle, etc..... *Les*
» *copies de tous actes ou jugements qui seront*
» *signifiées avec les exploits des huissiers* appar-
» tiendront à l'avoué, etc. » Les *copies de tous*
actes ou jugements : ce sont aussi les termes de
l'article 1er du décret du 29 août, et certes, ici
du moins, le sens n'en est pas douteux.

La principale raison invoquée à l'appui du
système de la régie, c'est la relation qui existe
entre le décret du 29 août et les articles 20 et
26 de la loi du 13 brumaire an vii. Le décret
fixe, dit-on, le nombre des lignes pour les
copies, comme les dispositions citées de la loi

de brumaire fixent le nombre des lignes pour les expéditions, et il attache à chaque infraction la même amende. *Le décret s'applique donc à la copie que fait un huissier de l'acte dont il a rédigé l'original, comme la loi s'applique à l'expédition que fait un notaire de l'acte dont il a rédigé et dont il conserve la minute.* Je nie la conséquence. Le décret se réfère à la loi, oui, mais seulement quant à la quotité de l'amende. Il ne dit rien de plus. Et si l'on considère la nature des choses, quel rapport trouvera-t-on entre les exploits des huissiers et les actes des notaires, entre les *délaissés* des exploits et les *expéditions* des contrats? Les huissiers, sans doute, peuvent, eux aussi, avoir à délivrer des expéditions; c'est quand il s'agit de ces actes dans lesquels ils remplissent des fonctions analogues à celles des notaires; l'article 19, § 2, de la loi du 13 brumaire an VII en donne un exemple. Mais dans ce cas, de même que dans tous ceux où des expéditions sont délivrées, il s'agit d'actes consommés, existant déjà en minute, déposés entre les mains d'un officier public, et qui n'ont pas besoin, pour être entiers et parfaits, qu'on les signifie. Un exploit, au contraire, un ajournement, par exemple, est-il *entier*, existe-t-il même avant d'être signi-

fié? l'original suffit-il pour constituer l'exploit?
enfin, y a-t-il une *assignation* avant que j'aie
été *assigné?* Il est évident qu'on confond ici
deux choses tout-à-fait différentes.

J'ajoute une réflexion. Il est impossible, me
semble-t-il, de n'être pas frappé de la différence de rédaction qui se fait remarquer entre
l'art. 1ᵉʳ et l'art. 2 du décret. Celui-ci com-
mence ainsi : « L'huissier qui aura signifié une
» *copie de citation ou d'exploit*, de jugement
» ou d'arrêt, qui serait illisible, sera, etc. »
Copie de citation ou d'exploit : on entend l'article 1ᵉʳ comme si ces mots de l'article 2 s'y
trouvaient; mais ils n'y sont pas. Or, pourquoi
la loi n'aurait-elle pas dit la même chose, si
elle eût eu la même chose à dire? Comment
ces mots si simples, si naturels, qui se seraient
présentés d'eux-mêmes à sa pensée, qu'elle
emploie, en effet, un instant après, ne se-
raient-ils pas écrits dans l'article 1ᵉʳ, comme
ils le sont dans l'article second?

Cette doctrine, je le sais, peut avoir ses in-
convénients. Si les huissiers font entrer un
trop grand nombre de lignes dans les pages de
leurs exploits, le fisc y perdra moins sans doute
que s'il s'agissait *de copies de pièces*, qui d'ordinaire sont bien plus longues que les exploits ;

cependant il y perdra encore. Cela est **vrai** ;
mais cette considération ne peut faire qu'il
soit permis de suppléer une disposition pénale.
Chose singulière d'ailleurs ! ce n'est pas seulement dans les copies des exploits qu'il peut se
trouver un trop grand nombre de lignes, il
peut en être ainsi des originaux ; et le fisc a
autant à perdre dans les deux cas. Cependant il
faudrait bien reconnaître que la régie ne pourrait rien contre les originaux des exploits,
puisque le décret ne parle que des copies.
Quelle serait la raison de cette anomalie ?

Malgré ces puissantes raisons qui s'élevaient
contre le système de la régie, ce système a été
accueilli et le jugement du tribunal de Nogent-
sur-Seine cassé par un arrêt du 10 janvier
1838 (Journal des Avoués, t. 54, p. 118; Dall.
1838, 1, p. 69). J'appliquerais ici, si ce n'était
trop oser, ces paroles de la loi romaine : *Non*
nunquàm benè latas sententias in pejus refor-
mant.

Cette rigueur d'interprétation, qui n'est que
juste lorsqu'on en fait usage pour s'opposer à
l'extension des lois pénales, la régie en avait
d'abord usé contre elle-même, dans une question cependant bien plus favorable. Il s'agissait
de savoir si l'huissier qui signifie des copies

contenant un trop grand nombre de lignes, est
passible de l'amende prononcée par l'art. 1er du
décret, lorsque ces copies ont été dressées par
un avoué, comme lorsque c'est l'huissier lui-
même qui les a faites. A voir la question d'une
manière abstraite, on cherche où peut être la
difficulté; le fisc, en effet, est également frustré
dans les deux cas, et les raisons de décider semblent être les mêmes. Il y a plus ; si la disposition ne peut atteindre l'huisser lorsque les
copies qu'il signifie sont signées par un avoué,
rien ne sera plus facile que d'éluder cette disposition. Tout cela est vrai, mais la loi est
ainsi. L'article 1er du décret ne parle que
des copies *faites* par les huissiers; il n'a pas
fixé le nombre des lignes pour les copies pré-
parées par les avoués ; et dans l'article deux
dont la disposition s'étend à l'un et à l'autre
cas, il n'est question que des copies illisibles, et
non point de celles qui, lisibles d'ailleurs, ne
pèchent qu'en ce qu'elles contiennent plus
de lignes qu'il ne faudrait. Ce n'est là évidemment qu'une omission , mais « cette omission
» ne peut être réparée que par une disposition
» législative. » C'est ce qu'avait reconnu l'administration elle-même dans une décision du
9 novembre 1832 (Journal des Avoués, t. 44,

p. 388). Depuis, elle a changé de système ; mais ses nouvelles prétentions ont été rejetées, le 27 novembre 1837, par le tribunal civil de Nevers (Dall. 1838, 3, 112) ; à bon droit, selon moi, car il s'agit d'une disposition pénale, et les peines ne peuvent être suppléées par voie d'interprétation.

Ce principe va nous fournir une autre conséquence. Le décret du 29 août 1813, conforme en cela à l'article 43 du décret du 14 juin de la même année, ne prononce le rejet de la taxe que contre les écritures qui ne seront pas correctes et lisibles. Le décret du 16 février 1807, dans son article 28 relatif aux copies faites par les avoués, ne le prononce aussi que dans le même cas. Les copies de pièces qui contiendraient, par exemple, plus de 35 lignes par page de petit papier, pourraient-elles être, pour ce seul motif, rejetées de la taxe? Je ne le crois pas. Le rejet de la taxe est une mesure pénale; on ne peut pas ajouter une seconde peine à celle qui est prononcée par la loi.

A la vérité, l'article 1031 du Code de procédure civile, au titre des dispositions générales, dit bien que « les actes qui auront donné » lieu à une condamnation d'amende seront » à la charge des officiers ministériels qui les

» ont faits ; » et l'on pourrait croire que cette disposition s'applique au cas où, sur la poursuite de l'administration, l'officier ministériel aurait été, avant la fin du procès au cours duquel la pièce avait été produite, condamné à l'amende portée par le décret ; mais l'article 1031 du Code de procédure me semble être tout-à-fait étranger à la contravention dont il s'agit. Cet article est la suite de l'article 1030, lequel dispose que, « dans le cas où la loi n'aurait pas » formellement prononcé la nullité d'un ex- » ploit ou acte de procédure, l'officier minis- » tériel pourra, soit pour omission, soit pour » contravention, être condamné à une amende » qui ne sera pas moindre de 5 francs et n'ex- » cédera pas 100 francs. » L'article 1031 n'est donc applicable qu'aux *omissions* ou *contraventions* qui tiennent aux règles de la procédure, et non point à cette contravention spéciale à la loi du timbre, pour laquelle le législateur a établi une amende particulière.

On est ingénieux à éluder les lois fiscales. Comment le mot *page* doit-il être entendu ? L'huissier qui écrirait dans la longueur du papier, et non point, comme il est d'usage, dans la largeur, serait-il passible de l'amende, quoique d'ailleurs il n'excédât pas le nombre de lignes déterminé ? Le tribunal d'Amiens a décidé la question pour l'affirmative (Dalloz , 1838 , à la table , v° *timbre*), et je crois qu'il a eu raison. Il faut prendre les mots dans leur sens naturel et ordinaire. Il y aurait contravention dès que le nombre des lignes tracées dans la longueur du papier excéderait , d'après un calcul proportionnel , le nombre qu'on eût pu en tracer dans l'autre sens.

Il reste une question plus grave dans laquelle les droits du ministère public se trouvent engagés.

La première conséquence que nous avons tirée de la nature fiscale de la disposition qui nous occupe , c'est que les contraventions à cette disposition doivent être constatées et poursuivies , suivant les formes spéciales au recouvrement des droits de timbre , par la régie de l'enregistrement. Cette attribution est-elle tellement exclusive que le ministère public ne puisse pas requérir la condamnation à l'amende quand , au cours d'un procès , des pièces sont produites dans lesquelles le nombre de lignes fixé par le décret a été dépassé ?

Sous l'empire de l'article 43 du décret du 14 juin 1813 , le ministère public avait certainement ce droit, car le n° 3 de cet article le lui attribuait indifféremment, qu'il s'agit d'écritures incorrectes et illisibles, ou bien d'écritures contenant un trop grand nombre de lignes. Mais l'article 43 du décret du 14 juin a été expressément rapporté par le décret du 29 août. A la vérité, le préambule de celui-ci est ainsi conçu : « Considérant que le petit » papier ayant été omis dans l'article 43 de » notre décret du 14 juin 1813, il est néces- » saire de réparer cette omission. » On peut induire de ces termes restrictifs que le nouveau décret n'a rien changé au précédent, sous le rapport dont nous nous occupons.

C'était ce que l'avocat général tenant le parquet soutenait devant la Cour royale de Douai dans une affaire de séparation de corps, incidemment à laquelle il avait requis la condamnation à l'amende contre un huissier qui avait signifié, au cours de l'instance, des copies de pièces contenant un trop grand nombre de lignes. « Le décret du 29 août, disait-il, n'a » fait que réparer une omission en détermi- » nant le nombre de lignes que doit contenir » le petit papier, dont le décret du 14 juin » n'avait point parlé. Du reste, le ministère » public n'a point perdu le droit, que lui » conférait ce premier décret, de poursuivre

» les contraventions commises en cette matière
» par les officiers ministériels. Loin de là, ce
» droit a été étendu à un cas de plus. Et com-
» ment serait-il possible d'arriver à réprimer
» les contraventions aux lois qui fixent le
» nombre des lignes dans l'intérêt du timbre,
» si la mission de les dénoncer était refusée au
» ministère public? Lui seul est à même de
» constater les irrégularités, au moment où
» les pièces parviennent entre ses mains. »

Cette dernière observation, présentée peut-être dans un sens trop absolu, est loin cependant d'être sans force. Ce n'est pas y répondre que de dire (1) : La régie sera toujours à même de constater les contraventions et d'en poursuivre la répression, *puisqu'une pièce ne peut être produite sans avoir été soumise à la formalité de l'enregistrement.* Ce ne sont point les copies qu'on fait enregistrer, mais les originaux des significations. La réponse était, ce me semble, que le ministère public, toujours chargé de veiller à l'observation des lois, lors même qu'il ne lui appartient pas d'en provoquer directement l'exécution, doit, si la communication des pièces lui révèle l'existence de

(1) Dall. 1835 , 2 , 80 , en note.

contraventions de ce genre, les signaler à la régie, qui les poursuit suivant les formes que lui trace la loi. Ce n'est point assez, d'ailleurs, de montrer qu'une disposition serait utile; prouver que la loi devrait être *ainsi*, ce n'est pas prouver qu'elle soit *ainsi*.

Le décret du 29 août va bien plus loin que ne semble le dire son préambule, dans les modifications qu'il apporte au décret du 14 juin. Celui-ci, par exemple, conçu dans son paragraphe 3 en termes généraux, prononçait une amende de 25 francs, distincte de celle de la loi de brumaire, contre l'huissier qui signifierait des copies contenant un trop grand nombre de lignes; le nouveau décret restreint cette amende au cas où les écritures sont illisibles. Le premier décret menaçait l'huissier de suspension, et même de destitution en cas de récidive; nous verrons plus tard si cette rigueur a été maintenue par le second décret, etc. C'est ici le cas d'appliquer cet aphorisme de Bacon (le LXX) : *Intentio et sententia legis, licet ex præfationibus et præambulis (ut loquuntur) non malè quandoquè eliciatur ; attamen latitudo aut extensio legis ex illis minimè peti debet. Sæpè enim præambulum arripit non nulla ex maximè plausibilibus et*

4

speciosis ad exemplum, cum lex tamen multò plura complectatur.... Quare dimensio et latitudo legis ex corpore legis petenda. Nam præambulum sæpè aut ultrà aut citrà cadit.

Le décret du 29 août abroge d'ailleurs expressément l'article 43 du décret du 14 juin. Il l'abroge en entier, sans en rien réserver. Et quant au décret du 29 août lui-même, le droit de *provocation* que, par une disposition formelle, il accorde au ministère public dans l'un des deux cas qu'il prévoit, il le lui refuse, dans l'autre, par son silence. Ne serait-ce encore là qu'une omission ? Il suffirait ; mais cette différence dans le mode de les poursuivre s'explique par la nature différente des deux contraventions.

C'est donc avec raison, selon nous, que le système du ministère public a été repoussé par un arrêt de la Cour royale de Douai, en date du 26 mars 1835. Voici le texte de cet arrêt qui est fort bien motivé :

« Vu le décret du 29 août 1813, relatif aux
» copies à signifier par les huissiers ; attendu
» que ce décret contient deux dispositions dis-
» tinctes, l'une qui limite, dans l'intérêt du
» fisc, le nombre de lignes que peuvent con-
» tenir les papiers employés aux copies de

» pièces qui sont faites par les huissiers, et
» punit les contrevenants d'une amende de
» 25 francs; l'autre qui, dans l'intérêt de la
» justice, veille à ce que les copies de pièces
» soient correctes et lisibles, sans égard au
» nombre de lignes qu'elles contiennent, et
» punit d'une amende, aussi de 25 fr., l'huis-
» sier qui signifie des copies illisibles, même
» alors qu'il ne les aurait pas faites;

» Attendu que... la seule contravention que
» le ministère public reproche à l'huissier
» qui a signifié les copies produites devant la
» Cour, résulte de ce qu'elles contiennent un
» nombre de lignes supérieur à celui déterminé
» par la loi;

» Attendu que cette contravention aux lois
» sur le timbre doit être constatée à la charge
» de celui qui l'a commise, poursuivie et jugée
» conformément aux lois spéciales sur le recou-
» vrement de ce droit, notamment à celle du
» 13 brumaire an VII, à laquelle se réfère l'ar-
» ticle 1er du décret précité; — que c'est seule-
» ment quand la copie est illisible que les
» tribunaux sont autorisés, par l'article 2 du
» même décret, à prononcer contre l'huissier
» qui l'a signifiée une amende de 25 francs
» sur la seule provocation du ministère pu-

» blic ; que cette disposition exceptionnelle et
» exorbitante du droit commun doit être ren-
» fermée dans le cas spécial pour lequel elle
» a été introduite ; qu'on peut d'autant moins
» l'étendre au cas d'un simple excédant de
» lignes dans la copie signifiée, que l'art. 43
» du décret du 14 juin 1843, qui, par la géné-
» ralité de ses termes, aurait permis aux
» tribunaux de prononcer l'amende contre
» l'huissier, pour ce cas comme pour celui
» d'illisibilité, a été formellement abrogé par
» l'article 3 du décret du 29 août ; qu'il suffit
» de comparer l'article 43 abrogé avec ceux
» qui le remplacent, et de remarquer que
» l'abrogation s'étend même à l'article 57 (1)
» du décret du 14 juin, pour reconnaître que
» le motif qu'on lit en tête du décret du 29
» août n'est pas le seul qui l'a dicté ; qu'en
» supposant même qu'en voulant réparer une
» omission, on eût laissé une lacune dans la
» loi, il n'appartient pas aux magistrats de la
» combler ; mais qu'en réalité cette lacune
» n'existe pas, puisque, si la copie est illisi-
» ble, cette contravention est réprimée sur la
» provocation du ministère public, et que si

_____

(1) Voir plus bas ; nous y soutenons le contraire.

» la copie lisible contient seulement un excé-
» dant de lignes, cette contravention peut
» être constatée, poursuivie et réprimée sui-
» vant les formes spéciales au recouvrement
» des droits du timbre. »

Je passe à la seconde partie du décret.

§ II.

Des copies illisibles.

Ici il ne s'agit plus de l'intérêt du fisc, mais, comme l'a dit la Cour de Douai dans l'arrêt que nous venons de citer, *de l'intérêt même de la justice.* L'auteur de l'Instruction sur l'organisation des huissiers (1) (V. Carré, Organisation et Compétence, sur l'article 186) fait très-bien sentir l'importance de cette disposition. « Quand on signifie, dit-il, une copie
» illisible, soit d'une demande quelconque,
» soit d'un arrêt, soit d'un jugement, il est
» certain que la partie à laquelle cette demande
» est signifiée ne peut pas savoir si elle doit ou
» non acquiescer à cette demande; elle n'est
» pas à même de pouvoir apprécier les motifs

(1) M. Favard de Langlade est l'auteur de cette Instruction.

» de la réclamation qui lui est faite, du juge-
» ment ou de l'arrêt qui la condamne; ce qui
» peut lui faire soutenir un procès auquel elle
» aurait peut-être renoncé si elle avait pu
» connaître elle-même ce qu'on lui demande,
» sans remettre les pièces dans les mains d'un
» avoué. Cet avoué lui-même, digne de la con-
» fiance d'un client, peut, de bonne foi, l'en-
» gager dans une contestation qu'il aurait fait
» abandonner dans le principe, s'il avait pu
» connaître par la copie les causes qui y don-
» nent lieu. Mais le premier pas une fois fait,
» l'amour-propre s'en mêle et conduit souvent
» à soutenir ce que l'on reconnaît avoir trop
» légèrement entrepris. »

Cette différence fondamentale dans l'objet
et le but des deux dispositions principales du
décret, en suppose d'autres, notamment en ce
qui touche la forme des poursuites.

Ainsi la régie n'a plus ici, comme tout à
l'heure, droit d'action. « Les poursuites, est-il
» dit dans l'instruction en date du 17 mars
» 1814 (1), les poursuites pour signification de
» copies illisibles appartiennent *exclusive-*
» *ment* au ministère public; il n'y a plus lieu

_____

(1) Recueil des instructions, nᵒ 659.

» d'agir par voie de contrainte , l'amende ne
» peut être recouvrée qu'en vertu d'un juge-
» ment. Les receveurs se borneront à recou-
» vrer l'amende lorsqu'elle sera prononcée ,
» comme le porte l'article 2. »

Il est évident aussi qu'il ne peut plus être
question de compensation à établir entre une
partie de la copie qui serait illisible et une autre
partie, une page, par exemple , qui serait par-
faitement lisible. Ce n'est plus chaque page en
particulier, mais la copie tout entière qu'il
faut considérer. L'amende serait encourue lors
même qu'il n'y aurait qu'une page d'illisible
dans une copie qui en contiendrait vingt, car
il faut que tout y soit lisible.

Mais, par une autre conséquence, il n'y
aurait pas, comme tout à l'heure, autant de
contraventions qu'il y aurait de pages mal
écrites. Quelle que fût l'étendue de la copie, il
n'y aurait qu'une contravention et qu'une
amende. La loi ne distingue pas entre le plus
ou le moins d'étendue de la copie, et ne cal-
cule plus ici par page.

L'amende de 25 francs portée par l'article 2
du décret a-t-elle été réduite, comme l'a été
celle dont il est question dans l'article 1er?
On pourrait induire de différentes décisions

de l'administration, notamment de celle du 9 novembre 1832 citée plus haut, que la loi du 16 juin 1834 est également applicable aux deux amendes. On reproche quelquefois à la régie d'interpréter les lois en sa faveur plus qu'il n'est juste ; c'est le contraire ici. La loi du 16 juin 1824, art. 10, ne réduit à 5 francs que les amendes fixes prononcées par les lois sur l'enregistrement, le timbre, etc. ; et nous avons remarqué que la contravention dont nous nous occupons en ce moment était d'une nature différente et tenait à un autre ordre d'idées. Aussi voyons-nous la Cour de cassation continuer d'appliquer l'amende de 25 francs chaque fois, et le cas se reproduit assez souvent, que des écritures illisibles sont produites devant elle (1). J'ai moi-même fait appliquer plusieurs fois cette amende, notamment par la seconde chambre de la Cour royale de Poitiers, le 23 mars 1839.

Les mêmes raisons, tirées de la nature différente de la contravention, doivent faire décider qu'il n'y a point lieu d'appliquer à l'amende

(1) Notamment arrêts des 11 août 1835, Journal des avoués, t. 49, p. 631 ; Dalloz, 1835, 1, 655; et autres arrêts des 25 avril, 9 mai, 14 juin 1837, Journal des avoués, t. 52 et 53; 29 février 1836, 21 avril 1836, Dalloz, 1836, 1, 51 et 315.

encourue pour écritures illisibles la prescrip-
tion de deux ans, admise pour les amendes de
contraventions aux lois sur le timbre.

Le décret prononce deux peines en ce qui
touche les copies illisibles : la première est le
rejet de la taxe, la seconde est l'amende de
25 francs.

Le rejet de la taxe n'est prononcé par le décret que contre les copies illisibles faites par
les huissiers, parce qu'il est spécial pour ces
officiers ministériels ; mais il renvoie à l'article 28 du 16 février 1807 qui contient les
mêmes dispositions en ce qui concerne les
copies faites par les avoués.

Quant à l'amende, le décret de 1807 ne l'a-
vait point prononcée contre les avoués ; le décret de 1813 ne la prononce point non plus
directement contre eux ; mais il ménage à
l'huissier qui a signifié la copie illisible un
recours contre l'avoué qui *l'a faite et signée ;*
ce qui est bien juste, puisque, dans ce cas, le
droit de copie appartient à ce dernier. Du
reste, l'huissier n'est point, même alors,
exempt de la peine ; c'est contre lui qu'elle est
prononcée, sauf son recours.

La disposition qui prononce le rejet de la

taxe n'est point conçue dans les mêmes **termes** que celle qui prononce l'amende ; elle est bien plus générale : elle comprend les copies *d'actes, de jugements, d'arrêts, et de toutes autres pièces,* tandis que l'autre paraît restreinte aux copies *de citations ou d'exploits, de jugements ou d'arrêts.* Il se peut que cette différence de rédaction ait passé inaperçue ; toutefois les actes dont il est parlé dans l'article 2 du décret, les citations ou exploits, les jugements ou arrêts, sont ordinairement ceux dont il importe le plus de mettre la partie qu'on appelle en justice à même de prendre de suite connaissance, en lui en signifiant une copie exacte et lisible. Cette différence suffit pour expliquer celle qui se fait remarquer dans les deux dispositions du décret.

« Il est imposé, dit l'auteur de l'Instruction » que nous avons citée plus haut, il est imposé » aux huissiers l'obligation particulière de ne » jamais signifier une copie de citation ou d'ex- » ploit d'ajournement, du jugement ou arrêt, » qu'elle ne soit lisible... Si elle ne l'est pas, » non-seulement elle doit être rejetée de la » taxe, *comme toutes les autres copies,* mais » elle rendra *encore* l'huissier passible de l'a- » mende. »

Autre différence. Les copies, dit l'article 1er du décret, devront être *correctes et lisibles*, à peine de rejet de la taxe. Deux choses sont donc également exigées : que les copies soient *correctes*, qu'elles soient *lisibles*. — Maintenant l'article 2, qui prononce la peine de l'amende, parle seulement des copies *illisibles*; il ne dit rien des copies *incorrectes*. Est-ce oubli? Est-ce omission volontaire ? Il n'importe. Ici, ajouter un mot, ce serait suppléer une peine.

Mais qu'est-ce qu'une copie illisible? Qu'est-ce qu'une copie incorrecte ?

Quand le premier président de Lamoignon demanda que l'on ajoutât à l'article 6 du titre 2 de l'ordonnance de 1667 une disposition portant *que les copies seraient bien écrites et lisibles*, Pussart répondit « que l'on avait tou-
» jours évité de mettre dans l'ordonnance des
» termes vagues et généraux qui ne sont d'au-
» cun usage; que ceux de *lisibles et bien écrites*
» étant de cette qualité, l'on ne pouvait rien
» déterminer là-dessus de certain. Ce qui sera
» lisible à l'un ne le sera pas à l'autre. » C'est pourquoi *la chose fut laissée à la discipline des procureurs.*

Depuis, ainsi que nous l'avons vu, le légis-lateur a changé d'opinion; il a trouvé qu'il

valait mieux s'en rapporter aux juges et à lui-
même qu'aux parties intéressées ; mais , du
reste , il serait aussi difficile aujourd'hui qu'il
l'était alors de déterminer exactement ce que
l'on doit entendre par copies *illisibles*. Le mot,
ce nous semble , ne peut être pris dans un
sens absolu , tellement qu'il n'y eût d'atteintes
par la disposition du décret que les écritures
qu'il serait tout-à-fait impossible de *lire*. La
partie , qui veut savoir ce qu'on lui demande ;
l'avocat, l'avoué, qui ont à chercher les moyens
de leur cause dans de volumineuses procé-
dures ; l'officier du parquet , le juge , pour qui
c'est souvent un devoir de vérifier dans les
actes eux-mêmes des clauses desquelles peuvent dépendre la perte ou le gain d'un procès,
ne sont point condamnés , et souvent d'ailleurs
seraient fort impropres au travail minutieux et
patient de l'antiquaire qui déchiffre une in-
scription , ou du savant qui cherche à deviner
des hiéroglyphes. Il y aurait trop de rigueur à s'en
tenir au sens étymologique du mot *illisible* (1) ;

(1) Voici un exemple où l'abus avait été poussé aussi loin que
possible :

« Le pourvoi d'un sieur Thérion a donné lieu à M. le conseiller
rapporteur (c'était M. Pardessus) de s'élever contre l'abus des
copies illisibles , qui de tout temps a été signalé , et qu'on n'est

il faut le prendre dans une signification moins
étroite , et l'interpréter plus *humainement.*
Dans l'usage_, une écriture est dite *illisible*
quand on ne la lit que difficilement et à
grand'peine. Qu'on ne nous accuse pas à
notre tour d'être trop sévères ; il s'agit ici
de l'intérêt des parties elles-mêmes, de l'intérêt de la justice. Ce qu'on ne peut lire sans
fatigue, on le comprend mal. L'esprit, quoi
qu'on fasse, se détend bientôt ; il se rebute,
et le bon droit peut en souffrir.

Quant aux copies non correctes , je compren-
drais dans cette classe ces copies qui , sans
cesser d'être lisibles , sont remplies d'abréviations fatigantes (1) ; les copies « inexactes,
» incomplètes, » comme la Cour de cassation
paraît le dire dans son arrêt du 26 avril 1837 ,

point encore parvenu à corriger. Il a exposé à la Cour qu'il lui
avait été impossible de déchiffrer la copie signifiée de l'arrêt atta-
qué ; qu'il avait dès lors été obligé de s'adresser à l'avocat pour
avoir une copie lisible ; que celui-ci avait déclaré à son tour
qu'il avait eu beaucoup de difficulté à lire la copie signifiée , que
conséquemment il ne pouvait garantir l'exactitude de l'espèce de
traduction qu'il en avait fait faire. Sur cet exposé, M. l'avocat
général a conclu contre l'huissier à l'amende , etc.... » (Journal
des Huissiers , t. 11 , p. 151.)

(1) « Les copies de pièces peuvent contenir toutes les abréviations
qui ne rendent pas la phrase inintelligible. » (Dictionnaire de
MM. Bioche et Goujet.) Je crois que c'est se montrer trop facile.

cité plus haut ; surtout celles dont il est parlé dans le préambule de la déclaration du 19 mars 1673, ces copies « pleines de fautes qui en » ôtent le sens. » Remarquons même qu'il ne peut être question ici que des cas où il y a simplement négligence de la part de l'officier ministériel. Si, comme le suppose le préambule que nous venons de citer, « cela se faisait à » dessein » ; si (autre cas que prévoyait le premier président de Lamoignon), « il se » trouvait des parties assez artificieuses pour » couvrir d'encre les mots qui faisaient contre » elles » ; si « un huissier s'était permis de » signifier des *copies tronquées* pour employer » le moins possible de papier timbré, tout en » ayant soin de porter dans son mémoire de » frais *les copies entières*, » ce qui est l'abus contre lequel le grand-juge ministre de la justice s'est élevé dans une décision du 16 décembre 1807 (1); dans ces cas et dans tous les

(1) Rappelée par M. le directeur général de l'enregistrement dans une circulaire insérée au Journal des avoués, tome 5, p. 249. En voici un extrait :

« Des avoués et huissiers se sont permis de signifier des copies tronquées ou illisibles de jugements d'ordre, et ils abrégeaient ces copies, *pour employer le moins possible de papier timbré,* quoiqu'ils eussent grand soin de porter dans leurs mémoires de frais les copies entières et le nombre de feuilles qu'ils eussent dû

autres cas semblables, il serait évident que le
décret du 29 août 1813 n'y pourrait suffire, et
qu'il faudrait chercher une répression moins
disproportionnée dans les articles 1030 et 1031
du Code de procédure civile, 102 et 103 du
décret du 30 mars 1808, et même, s'il était
nécessaire, dans le Code pénal.

« Les copies doivent être lisibles, écrivait
» Rodier; *à défaut, on est en droit d'en de-*
» *mander de nouvelles.* » Il en serait certainement ainsi aujourd'hui. « *Habeantur pro non*
productis, » dirait-on encore avec Guy-Pape (1).
Mais aux frais de qui sera la seconde copie?
Aux frais de la partie qui la demande à bon

y mettre.... Pour parvenir à réprimer cet abus, son excellence le
grand-juge a décidé que l'avoué ou l'huissier qui se permettrait de
faire des copies tronquées, commettant une *prévarication* répré-
hensible, et se rendant coupable de *concussion,* quand il se fait
payer des rôles qu'il a supprimés et du papier timbré qu'il n'a pas
fourni, c'est le cas de le dénoncer aux tribunaux, et il n'en existe
aucun qui ne s'empressât de réprimer de semblables abus; que cette
dénonciation peut se faire par tous ceux qui ont intérêt; et que
c'est le moyen le plus efficace à employer contre les officiers ministériels, etc. » Le reste de la circulaire est relatif aux significations d'avoué à avoué. On décide qu'elles ne peuvent pas être
faites sur papier libre.

(1) Cité par Rodier, sur l'art. 16, tit. 11 de l'ordonnance, observation 4.

droit (1), ou bien à la charge de celui par la faute duquel elle est devenue nécessaire ? La question est sans intérêt ; il suffit de savoir qu'il n'entrera en taxe qu'une seule copie. Cependant, puisque c'est la première qui est rejetée de la taxe comme illisible, tout naturellement ce sera l'autre dont le coût pourra être exigé (2).

Nous avons vu que le droit de poursuites n'appartient plus ici qu'au ministère public. Mais de quelle manière doit-il exercer ce droit ? Par voie d'action ? Par voie de réquisition ? Peut-il l'exercer à la fois de l'une et de l'autre manière ?

Le décret porte : « L'huissier..... sera con-
» damné à l'amende sur la seule provocation
» du ministère public, et par la Cour ou le
» tribunal devant lequel cette copie aura été

___

(1) La déclaration de 1673, parlant des écritures illisibles qui étaient signifiées, ajoutait : « En sorte que les procureurs qui les reçoivent sont obligés d'en demander d'autres plus lisibles et *d'offrir de les faire faire à leurs dépens.* »

(2) *Quid*, si la copie est égarée ? « Si une partie ou procureur avait égaré la copie d'un exploit d'ajournement ou d'autre libelle, ils peuvent demander qu'on leur en donne une nouvelle copie à leurs frais et dépens. On le fait ordinairement de gré à gré ; mais, en cas de refus, le juge y contraindrait le refusant. » (Rodier, tit. 2, art. 16, observat. 12.)

» produite. » Il suit évidemment de là que le ministère public peut agir par voie de réquisition, c'est-à-dire qu'il peut, par des réquisitions prises incidemment au procès dans le cours duquel la copie illisible a été produite, *provoquer* la condamnation à l'amende. Il y a même à remarquer que, dans ce cas, la Cour ou le tribunal saisi condamne l'officier ministériel, sans que celui-ci ait été entendu ou appelé; cela me semble résulter de ces mots du décret : *Sur la seule provocation du ministère public*, et c'est toujours ainsi que je l'ai vu pratiquer (1). C'est aussi une autre conséquence de cette disposition, que l'huissier doit être condamné « en quelque lieu qu'il demeure, à quelque Cour ou tribunal qu'il soit attaché, et sans procès-verbal de constat de l'illisibilité de la copie, mais sur le vu seul de la production de la copie illisible (2). »

Mais le ministère public n'a-t-il que le droit de réquisition ? Lui est-il interdit de poursuivre directement et par action principale ?

---

(1) Arrêt de cassation du 11 août 1835 (Dalloz , 1835, 1, 455); autre du 9 décembre 1828 (Journal des avoués , t. 6, p. 141), et plusieurs autres cités plus haut.

(2) Jugement du tribunal de Chartres du 27 juillet 1839 (Journal des avoués , t. 36 , p. 69). Il est rapporté ci-dessous.

On peut invoquer pour la négative le principe général établi dans l'article 2, titre 8 de
la loi du 16-24 août 1790 : « Au civil, les
» commissaires du roi exerceront leur mi-
» nistère, non par voie d'action, mais seule-
» ment par celle de réquisition, dans les procès
» dont les juges auront été saisis. » Il s'agit
bien, en effet, ici d'une affaire civile ; c'est la
juridiction civile qui en connaît ; il n'y a point
délit, mais simple faute, et la peine à appliquer n'est qu'une peine de discipline qui ne
saurait appartenir à la juridiction criminelle.
C'est ce que la Cour de cassation a décidé, le 22
mai 1828, dans un cas analogue, et cependant
moins favorable, puisqu'il s'agissait de poursuites intentées directement (1).

(1) L'huissier, poursuivi en vertu de l'art. 35 du décret du 14
juin 1813 qui punit d'une amende de 25 à 100 fr. le fait d'employer
en frais deux transports lorsqu'il n'a fait qu'un seul voyage pour
deux actes, doit être jugé par le tribunal civil ; il ne peut être
traduit devant le tribunal correctionnel.

La Cour..., vu les art. 73, 43 et 35 du décret du 14 juin 1813,
et l'art. 429 C. inst. crim. ; — attendu que la compétence est de
droit public, et qu'il ne peut pas être dérogé à ces règles inva-
riables par le silence ou le consentement des parties ou même du
ministère public ; attendu que, dans l'espèce, Lazare Hayem,
huissier, a été poursuivi pour avoir contrevenu aux dispositions
de l'art. 35 du décret du 14 juin 1813, en exigeant une indemnité
de frais de voyage et de transport, à raison d'actes par lui faits
dans une même course et dans le même lieu ; qu'il a été cité de-

On peut surtout faire valoir ces mots que
nous avons déjà remarqués dans l'article 2 du
décret : « *Sur la seule provocation du ministère*
» *public, et par la Cour ou le tribunal devant*
» *lequel la copie aura été produite.* » Il en résulte bien, en effet, et déjà nous avons tiré

vant le tribunal correctionnel de Thionville, lequel l'a déclaré
convaincu et l'a condamné correctionnellement à 20 francs
d'amende, etc. ; attendu que c'est par erreur que les faits imputés
à Hayem ont été qualifiés délits ; que ces faits, s'ils étaient fondés,
ne constitueraient qu'une faute passible d'une simple amende de
20 fr. ou de 100 fr. au maximum, et pourraient encore donner
lieu tout au plus au rejet de la taxe de l'huissier ou restitution
envers la partie, peine de simple discipline qui ne saurait appartenir à la juridiction correctionnelle ; mais que, par l'art. 73,
cité pour établir dans l'espèce la compétence correctionnelle, toute
condamnation des huissiers à l'amende, à la restitution et aux
dommages-intérêts pour frais relatifs à leurs fonctions, doit être
prononcée par le tribunal de première instance du lieu de leur résidence, ce qui ne peut s'entendre que du tribunal civil et non
du tribunal correctionnel ; conséquence qui résulte encore de ce
même art. 73, relatif aux poursuites dirigées contre l'huissier par
les parties intéressées ou par le syndic de la communauté au nom
de la chambre de discipline, expression qui exclut manifestement
la juridiction correctionnelle ; ce qui résulte encore des dispositions de l'art. 43 et suivants du même décret ;

Attendu qu'il suit de la combinaison des divers articles cités
que les poursuites faites contre Hayem l'ont été incomplétement
devant la juridiction correctionnelle... et que l'action devant les
tribunaux civils était la seule qui pût être mise en usage dans les
circonstances, ce qui entraîne l'accumulation, etc..., casse.—Arrêt
du 22 mai 1828. (Dalloz, 1828, 1, 253.)

cette conséquence, qu'au ministère public seul appartient, à l'exclusion de la régie, le droit de poursuivre; mais il semble aussi en résulter que la contravention n'est punissable que lorsque la copie illisible a été produite en justice, et que l'amende ne peut être prononcée que par les juges saisis de la connaissance du principal.

C'est ainsi que le tribunal civil de Chartres avait décidé la question, dans une affaire où, à la suite d'un procès-verbal rédigé par le directeur de l'enregistrement, le procureur du roi, à qui la copie illisible avait été remise, avait pris la voie de l'action directe. « En disant que la condamnation sera
» prononcée par la Cour ou le tribunal devant
» lequel la copie aura été produite, le législa-
» teur, considérait le tribunal, a entendu que
» la production de la copie devait précéder la
» provocation du ministère public, et, seule,
» y donner lieu; l'huissier doit être condamné
» sans assignation préalable contre lui, en
» quelque lieu qu'il demeure, à quelque Cour
» ou tribunal qu'il soit attaché, et sans procès-
» verbal de constat de l'*illisibilité* de la copie,
» mais sur le vu seul de la production de la
» copie illisible. Dans la cause actuelle, c'est

» la provocation du ministère public qui donna
» lieu à la représentation de la pièce; c'est à
» l'aide de la remise qui a été faite par un tiers
» d'une copie illisible d'un jugement, que, par
» action directe, il a fait assigner à sa re-
» quête l'huissier contrevenant. Or, il est
» évident que l'article 2 du décret n'accorde
» au ministère public qu'un droit de réquisi-
» tion, et non celui d'action.... »

Ce jugement, daté du 29 juillet 1827, a été
déféré à la Cour de cassation, qui l'a cassé le
19 décembre 1828 (1).

La Cour a considéré que le décret du 29 août,
spécial sur la matière, faisait exception au
principe général établi par la loi du 16-24
août 1790; que le décret « autorisait le minis-
» tère public à poursuivre par action directe..;
» que l'article 2 comprenait les deux cas :
» celui de la contravention résultant d'une si-
» gnification dans le cours d'une instance de
» la nature de celle prévue par cet article, et
» celui de la production ou représentation par
» le ministère public d'un pareil acte. »

Cette interprétation serait utile; mais je
doute qu'elle soit exacte. Le principe que, devant

_____

(1) J. des Avoués, t. 36, p. 168; Dalloz, 1829, 1, 76.

les tribunaux civils, le ministère public n'a le droit d'agir que par voie de réquisition, est fondamental ; on ne peut admettre d'exceptions à ce principe que celles qui ont été formellement introduites par la loi elle-même. Ici, l'exception résulte-t-elle donc nécessairement des termes de la loi ? Il y est parlé de la *provocation* du ministère public ; mais d'abord est-ce bien ainsi que la loi s'exprime d'ordinaire pour faire entendre *le droit d'action ?* Puis, quand et devant qui cette *provocation* sera-t-elle exercée ? Devant le tribunal devant lequel la copie *aura été* (et non pas *sera*) *produite.* Cela fait bien supposer qu'il y a déjà un procès pendant, au cours duquel la copie illisible a été signifiée. La Cour de cassation reconnaît elle-même que ce cas est prévu par l'article 2 du décret ; mais alors où est la disposition qui prévoit l'autre, et comment peut-on dire que le décret *comprend les deux cas ?*

Je ne vois pas que, dans cette affaire, on ait invoqué, à l'appui soit de l'un, soit de l'autre système, une disposition qui cependant peut jeter quelque lumière sur la question. Je veux parler de l'article 73 du décret du 24 juin 1813, article que le décret du 29 août n'a point abrogé.

Il est ainsi conçu : « Toute condamnation
» des huissiers à l'amende, à la restitution et
» aux dommages-intérêts, pour des faits rela-
» tifs à leurs fonctions, sera prononcée par
» le tribunal de première instance du lieu de
» leur résidence, *sauf le cas prévu par le* 3ᵉ §
» *de l'article* 43, à la poursuite des parties in-
» téressées ou du syndic de la communauté, au
» nom de la chambre de discipline. Elle pourra
» l'être aussi à la requête du ministère pu-
» blic. »

Il y a deux choses à remarquer ici : le principe, et l'exception. Le principe est que *toute
condamnation des huissiers à l'amende... pour
faits relatifs à leurs fonctions, peut être prononcée à la requête du ministère public ;* et si
rien ne venait restreindre la généralité de ces
termes, je reconnais qu'ils devraient s'entendre
en ce sens que le ministère public peut poursuivre *principalement, directement.* Mais à côté
du principe est l'exception : le cas réglé par
l'article 43 est expressément réservé. Il est vrai
que cette exception ne porte pas précisément
sur le mode d'action du ministère public ;
mais d'abord on voit combien les articles 43
et 73 diffèrent quant à la poursuite, puisque
celui-ci accorde, dans les cas généraux, un

droit d'initiative aux parties intéressées et à la chambre de discipline dans la personne du syndic de la communauté, tandis que, dans le cas particulier prévu par l'article 43, l'amende est prononcée sur la *seule* provocation du ministère public. Ensuite, quel est le sens de cette réserve : *Toute condamnation des huissiers à l'amende sera prononcée par le tribunal de première instance, sauf le cas prévu par le 3ᵉ §de l'article 43 ?* Pourquoi cette exception ? C'est que, dans ce cas, il y a un tribunal saisi, un tribunal qui, compétent pour statuer sur l'affaire au principal, l'est par cela même, et l'est seul, pour statuer sur cet incident des copies illisibles. Ce tribunal, devant qui la copie est produite, punira le contrevenant, quel que soit son domicile. C'est donc bien là le cas prévu par cet article, le seul cas qu'il ait prévu, *sauf le cas prévu*, etc., et non pas ces *deux cas* auxquels il s'appliquerait également, selon la Cour de cassation. Voyez en effet ! Si l'article 43 devait être entendu de cette manière, chaque fois que le ministère public agirait directement, il devrait se conformer aux règles ordinaires de la compétence, c'est-à-dire poursuivre l'huissier devant le tribunal de son domicile ; et alors que signifierait cette exception, quand, au contraire, il y aurait lieu d'appliquer le principe, ne fût-il pas même rappelé dans l'article 73? Puis, quelle raison y aurait-il alors de ne pas donner, comme dans les cas ordinaires, le droit de poursuite aux parties intéressées et au syndic de la communauté? Et si on le leur donnait, quel autre contraste entre le cas où les réquisitions du ministère public viendraient incidemment à un procès et celui où il agirait principalement!

Ces raisons, qui s'appliquent à l'article 2 du décret du 29 août aussi bien qu'à l'article 43 du décret du 14 juin, puisqu'en cela c'est la même disposition, ne sont peut-être pas indignes d'être méditées, même après l'arrêt de la Cour de cassation qui a admis le système opposé. Il est juste aussi de remarquer que cet arrêt a été rendu par défaut.

Je termine par quelques observations communes aux deux contraventions dont je me suis occupé séparément dans les paragraphes qui précèdent.

§ III.

Dispositions communes.

« L'amende pour contraventions aux dispo-
» sitions du décret ne cesserait pas d'être en-

» courue si les copies étaient imprimées ,
» parce que le décret ne fait pas de distinction
» entre les copies imprimées et celles manu-
» scrites. » C'est le texte d'une décision de M. le
ministre des finances, en date du 5 octobre
1821 (1).

Le décret a pour titre : *Décret relatif aux copies à signifier par les huissiers*. Ses dispositions
ne s'appliquent donc *qu'aux copies signifiées*.
Elles ne sont pas applicables, par exemple,
aux copies de protêt inscrites sur le registre tenu par les huissiers en conformité de l'article
176 du Code de commerce (2).

---

(1) Dictionnaire de l'enregistrement plus haut cité , au mot
huissier, n° 15.

(2) Décision de la régie du 16 mai 1831. Même Dictionnaire,
même mot, n° 19. — On s'est demandé si, lorsque les pièces justifi-
catives à signifier avec la demande sont écrites en langue étrangère,
il faut dresser copie du texte original. Voici comment le *Dictionnaire de procédure civile et commerciale*, v° *ajournement*,
n° 132 , résout cette question : « La négative résulte de ce que,
» d'après la loi du 22 frimaire an VII, il ne peut être fait usage
» d'une pièce sans que préalablement elle ait été enregistrée.
» Or, les receveurs de l'enregistrement n'enregistrent que des
» pièces écrites en langue française : une traduction préalable est
» donc indispensable. En outre, les officiers ministériels qui si-
» gnifient des actes certifient, par leur signature, l'exactitude de
» la copie, et il ne peut en être ainsi que lorsque les actes sont
» écrits en langue française : d'ailleurs la copie signifiée dans la
» langue étrangère serait-elle plus exacte ? ne peut-il pas au

Une question plus grave est celle de savoir si l'article 44 du décret du 14 juin, lequel permet au ministère public, en cas de récidive, de provoquer la suspension de l'huissier contrevenant et même son remplacement, s'il y a lieu, est encore en vigueur.

Il ne se trouve point compris expressément dans l'abrogation prononcée par l'article 3 du décret du 29 août; les articles 43 et 57 sont les seuls que cet article du dernier décret déclare rapporter. Aussi M. Carré, dans ses *Lois de l'organisation et de la compétence*, 2ᵉ partie, liv. 1ᵉʳ, tit. 3, p. 383, édition in-4°, et M. Armand Dalloz, dans son Dictionnaire, v° *huissier*, citent-ils la disposition de l'article 44 du décret du 14 juin comme encore applicable (1).

Toutefois, nous ne sachons point que cette disposition ait jamais été appliquée. Nous croyons même que, si l'article 57 du décret du

» contraire être commis une foule d'erreurs involontaires? Au
» surplus, il est bien certain que le défendeur aurait toujours le
» droit de demander communication de la pièce originale; mais
» il ne pourrait en exiger la copie aux frais du demandeur,
» comme si elle n'avait point été signifiée. Arg. C. pr. 65. »

(1) V. aussi Journal des Huissiers, t. 11, p. 151, et Dictionnaire de procédure de MM. Bioche et Goujet, v° *huissier*, n° 97.

14 juin se trouve indiqué dans l'article 3 du décret du 29 août, c'est par erreur; l'article 44 nous semble être celui qu'on a voulu aboger.

L'article 57, en effet, est relatif à la nomination du syndic des huissiers, matière à laquelle le décret du 29 août est évidemment étranger. L'article 44, au contraire, rentre tout-à-fait dans l'objet de ce décret, et il n'est pas étonnant que, rapportant l'article 43, on ait voulu rapporter aussi l'article 44 qui n'en est que la suite.

D'un autre côté, l'article 44 du décret du 14 juin allait très-bien sans doute avec l'article 43 du même décret; mais il serait difficile de l'accorder avec le décret du 29 août. Nous avons vu que, sous l'empire du décret du 14 juin, le ministère public eût pu, à la faveur des termes généraux de la dernière disposition de cet article, requérir la condamnation à l'amende contre l'huissier qui aurait signifié des copies contenant un trop grand nombre de lignes, une exception ayant été faite, dans ce cas, au principe qui n'attribue qu'à la régie le droit de poursuite en matière de contravention aux lois du timbre; mais qu'aujourd'hui il en était autrement, ainsi que l'avait reconnu la Cour royale de Douai, dans son arrêt du 26 mars 1835 (1). Comment concilier avec cela l'article 44 qui, s'appliquant également aux deux cas prévus par l'article 43, aux copies qui ne pèchent qu'en ce qu'elles contiennent trop de lignes, aussi bien qu'aux copies illisibles, autorise le ministère public à provoquer la suspension de l'huissier?

N'était-il pas aussi bien sévère cet article qui, s'il n'eût été tempéré par la discrétion des magistrats, eût permis de suspendre, de destituer même, tout huissier *coupable* d'avoir signifié deux fois des copies contenant plus de lignes qu'il ne fallait, par exemple 36 lignes au lieu de 35 par page de petit papier?

Tout porte donc à croire que c'est cette disposition, et non point celle de l'art. 57, qu'on a voulu abroger. Quelle rigueur n'y aurait-il pas à se prévaloir d'une faute typographique, pour faire d'une punition légère une peine énorme (2)? Certes si, comme il arrive presque toujours, il n'y a qu'inattention ou négligence de la part de l'officier ministériel, le décret du

(1) Rapporté ci-dessus.
(2) MM. Teulet et Urbain Loiseau ont corrigé cette erreur dans le *supplément* qu'ils ont placé à la suite de leurs *Codes*.

29 août suffira bien. En cas de fraude, nous avons dit de quelles dispositions plus sévères le ministère public pourrait s'armer.

FIN.